Police rurale

et

Gendarmerie mobile

ÉTUDE présentée par le Capitaine **FABRE**

DE LA 19ᵉ LÉGION DE GENDARMERIE

ANCIEN ÉLÈVE DE L'ÉCOLE POLYTECHNIQUE

PARIS

Henri CHARLES-LAVAUZELLE

Éditeur militaire

10, Rue Danton, Boulevard Saint-Germain, 118

(MÊME MAISON A LIMOGES)

Police rurale

et

Gendarmerie mobile

Police rurale

et

Gendarmerie mobile

ÉTUDE présentée par le Capitaine **FABRE**

DE LA 19ᶜ LÉGION DE GENDARMERIE

ANCIEN ÉLÈVE DE L'ÉCOLE POLYTECHNIQUE

PARIS

HENRI CHARLES-LAVAUZELLE

Éditeur militaire

10, Rue Danton, Boulevard Saint-Germain, 118

(MÊME MAISON A LIMOGES)

AVANT-PROPOS

La présente étude a pour but de faire ressortir la nécessité de confier exclusivement à la gendarmerie, non-seulement la police des routes et des campagnes, mais encore la police rurale proprement dite.

Elle a aussi pour but d'indiquer comment, sans aucune augmentation de crédits, on pourrait disposer, le cas échéant, d'éléments de gendarmerie mobile s'élevant au total à 12.000 hommes, non compris la Garde républicaine, tout en continuant à assurer d'une manière satisfaisante le service dans les campagnes.

Nous l'avons divisée en trois chapitres :

Le Chapitre Ier contient l'exposé des motifs du Projet de Loi, concernant la création d'un Corps de Gendarmerie mobile de 2.000 hommes, déposé à la Chambre le 3 avril 1906, ainsi que les objections faites à ce Projet dans la séance du 13 du même mois.

Le Chapitre II concerne la Police des routes et des campagnes, son organisation actuelle et les dépenses qu'elle nécessite.

Enfin, le Chapitre III traite de la réorganisation de la Police rurale et de la constitution d'éléments de Gendarmerie mobile.

Police rurale

et

Gendarmerie mobile

CHAPITRE Ier

EXPOSÉ DES MOTIFS du Projet de Loi déposé à la Chambre le 3 Avril 1906, concernant la création d'un Corps de Gendarmerie mobile de 2.000 hommes

Cet exposé des motifs est ainsi conçu :

« Depuis plusieurs années, il a été nécessaire de faire intervenir l'armée pour assurer l'ordre ou l'exécution des lois

« Il serait superflu d'insister sur les graves inconvénients de tout ordre que présente l'emploi de la troupe, non-seulement dans les grèves, mais dans tous les cas où l'autorité a dû faire appel à son concours.

« Le rôle de la force publique étant avant tout un rôle de surveillance et de protection, la gendarmerie seule devrait en être chargée. A la différence de la troupe qui, procédant par masse, n'a que le rôle ingrat et difficile de prêter l'appui de sa force à l'autorité pour vaincre les résistances à ses injonctions, la gendarmerie remplit les multiples devoirs de surveillance, d'information, de conciliation, qui préviennent les conflits et assurent la protection et la répression individuelle tant à l'intérieur qu'à l'extérieur des établissements ou domiciles privés.

« Malheureusement, la soudaineté des événements, l'insuffisance numérique des gendarmes, leur éparpillement, les lenteurs du voyage, font qu'ils n'arrivent souvent que longtemps après l'heure où leur présence aurait été le plus nécessaire, et alors que la troupe, plus facilement mobilisable et qui ne devrait apparaître qu'après épuisement de toutes les autres interventions utiles, est déjà sur les lieux.

« Or, l'armée n'est pas faite pour remplir cette mission elle n'y est du reste pas préparée et le moindre des inconvénients qui résultent de son intervention est de lui faire perdre un temps qui aurait été plus utilement employé à son instruction.

« Quant aux gendarmes qui sont actuellement envoyés sur les points où l'ordre est menacé, ils arrivent isolément de brigades souvent fort éloignées, dans lesquelles le service est désorganisé pendant tout le temps de leur absence, ne se connaissent pas entre eux, sont inconnus des officiers sous les ordres desquels ils sont temporairement placés, et leur action se trouve, dans ces conditions, très inférieure à ce qu'elle serait s'ils étaient réunis en tout temps en unités constituées.

« L'utilité des forces de gendarmerie mobile ne peut donc être contestée...

« Le corps de la gendarmerie mobile, dont l'existence est prévue à l'art 32 de la Loi du 13 mars 1875 sur les cadres et effectifs de l'armée, a déjà été organisé de 1871 à 1885 Il a été licencié par Décision présidentielle du 28 mars 1885, après suppression par le Parlement des crédits relatifs à son entretien.............

« La création d'une gendarmerie mobile présenterait d'ailleurs des avantages tels qu'ils compenseraient et bien au-delà le surcroît de dépenses qu'elle peut entraîner.

« L'armée, dont le rôle essentiel en temps de paix est de se préparer à la défense du territoire, ne serait plus détournée de son devoir normal aussi souvent qu'elle l'a été ces dernières années ; son temps, dont le service réduit commande d'être économe, lui appartiendrait davantage ; elle serait moins exposée à être mêlée à des incidents où la politique intérieure à laquelle elle doit rester étrangère joue le rôle principal ; elle éviterait des fatigues inutiles, des contacts dangereux ou comprettants, elle échapperait ainsi aux lourdes responsabilités que fait peser sur elle, dans les conflits économiques, la pénible incertitude où elle est de la limite de sa mission et de ses obligations, aux critiques, fâcheuses pour sa considération, que suscite le moindre écart dû à l'imprudence, à une consigne mal interprétée, à un mouvement d'impatience, à l'énervement d'une longue attente sous des provocations auxquelles la gendarmerie plus expérimentée est moins sensible.

« Ces considérations ont à elles seules suffisamment de valeur pour justifier complètement la création d'un corps nouveau et le supplément de dépenses qui en résultera. »

Objections soulevées à la séance du 13 avril 1906.

Le projet relatif à la création d'un corps spécial de gendarmerie mobile, à l'effectif de 2.000 hommes, a été examiné à la Chambre le 13 avril 1906, puis retiré en fin de séance à la suite d'observations formulées par un certain nombre de députés.

Ces observations, qui sont loin de diminuer en quoi que ce soit la valeur et l'importance des assertions qui précèdent, peuvent se résumer comme suit : (1).

1° Les 2.000 hommes appelés à former le corps de la gendarmerie mobile sont insuffisants pour permettre de renoncer en temps ordinaire au concours de la troupe.

2° Les dépenses nécessitées par cette création sont de 3.400.000 francs pour l'entretien, et, ultérieurement, de

---

(1) Voir le compte-rendu de la séance du 13 avril 1906, au *Journal Officiel*.

2.750.000 francs pour les pensions, sans compter les frais de construction pour les casernements.

3° Par suite de son organisation quasi-régimentaire, ce corps n'est pas susceptible, en temps normal, de rendre des services en matière de police rurale, d'autant plus que l'augmentation du nombre des brigades de gendarmerie est sans cesse réclamée par les municipalités, en vue d'améliorer la sécurité dans les campagnes.

4° Enfin, il est à craindre que ce corps spécial ne vienne à constituer à la longue une sorte de garde prétorienne particulièrement apte aux coups d'Etat.

Résumé

En résumé, il faudrait donc augmenter le nombre des gendarmes dans les campagnes, constituer avec eux, en cas de besoin, une force de gendarmerie mobile suffisante, c'est-à-dire s'élevant à plus de 10.000 hommes, le tout, sans crédits nouveaux.

Telles sont les trois conditions que nous allons essayer de concilier dans le Projet d'organisation de Police rurale et de Gendarmerie mobile que nous exposons plus loin dans le Chapitre III.

CHAPITRE II

POLICE DES ROUTES ET DES CAMPAGNES

La police des routes et des campagnes est actuellement assurée par la gendarmerie et par les gardes champêtres.

Nous allons examiner séparément leur rôle et leurs attributions, tels qu'ils devraient être, et tels qu'ils sont en réalité.

I. — GENDARMERIE

Son rôle d'après la Loi organique du 28 Germinal an VI

L'organisation et le service de la gendarmerie sont réglés par la Loi du 28 Germinal An VI (17 avril 1798).

Les extraits suivants de cette Loi, toujours en vigueur, suffisent pour définir nettement le rôle de cette arme.

« ARTICLE PREMIER. — Le corps de la gendarmerie nationale est une force instituée pour assurer dans l'intérieur de la République le maintien de l'ordre et l'exécution des lois. Une surveillance continue et répressive constitue l'essence de son service.

« ART 3. — Le service de la gendarmerie nationale est particulièrement destiné à la sûreté des campagnes et des grandes routes.

« ART. 125 (Extrait). — Les fonctions essentielles et ordinaires de la gendarmerie sont : — 1° de faire des tournées et patrouilles ; — 2° de recueillir tous les renseignements possibles sur les crimes et les délits publics et d'en donner connaissance aux autorités compétentes ; — 3° de rechercher et poursuivre les malfaiteurs ; — 4° de saisir toutes personnes en flagrant délit ; — 7° de saisir les dévastateurs de bois et récoltes, les chasseurs masqués ; — 9° de dissiper par la force tout attroupement armé ; — 10° de dissiper de même tout attroupement non armé, d'abord par la voie du commandement verbal et, s'il est nécessaire, par le développement de la force armée ; — 11° de saisir tous ceux qui seront trouvés exerçant des voies de fait ou violences contre la sûreté des personnes, des propriétés nationales ou particulières ; — 15° de surveiller les mendiants, vagabonds et gens sans aveu ; — 16° de dresser les procès-verbaux de tous les cadavres trouvés sur les chemins, dans les campagnes ou retirés de l'eau ; — 17° de dresser pareillement des procès-verbaux des incendies, effractions, assassinats ; — 18° de dresser de même procès-verbal des déclarations qui seront faites aux membres de la gendarmerie nationale par les habitants, voisins, parents, amis et autres personnes qui seront en état de leur fournir des indices preuves et renseignements sur les auteurs des crimes et délits et sur leurs complices ; — 19° de se tenir à portée des grands rassemblements d'hommes, tels que foires, marchés, fêtes et cérémonies publiques ; — 20° de conduire les prisonniers ou condamnés, en prenant toutes les précautions pour empêcher leur évasion ; — 21° de saisir et arrêter les déserteurs et militaires qui ne seraient pas porteurs de passeport ou congé en bonne forme ; — 22° de faire rejoindre les militaires absents de leurs corps à l'expiration de leurs congés ou permissions ; — 23° de faire la police des troupes de passage ; — 26° de saisir et arrêter tout individu commettant des dégâts dans les bois, dégradant les clôtures des murs, haies et fossés, tous ceux qui seront surpris en commettant des larcins de fruits et de productions d'un terrain cultivé ; — 27° de saisir et arrêter ceux qui par imprudence, par la rapidité de leurs chevaux ou de toute autre manière, auront blessé un citoyen sur les routes dans les rues ou voies publiques ; — 28° de saisir et arrêter ceux qui tiendront des jeux de hasard sur les places publiques ; — 29° de saisir et arrêter tous ceux qui seront trouvés coupant ou détériorant, en manière quelconque, les arbres plantés sur les grandes routes ; — 30° de faire la police sur les grandes routes, de contraindre les charretiers à se tenir à côté de leurs chevaux.

« Art 129 (Extrait). — Les membres de la gendarmerie sont autorisés à visiter les auberges, cabarets et autres maisons ouvertes au public, pour y faire la recherche des personnes sous mandat d'arrêt.

« Art. 133 (Extrait). — Les brigades de gendarmerie prêteront main-forte, lorsqu'elle leur sera légalement demandée, savoir : — par les préposés aux douanes, pour la perception des droits de douane et la répression de la contrebande ; — par les agents forestiers, pour la répression des délits forestiers ; — par les percepteurs, pour assurer la rentrée des impositions directes et indirectes ; — par les huissiers, pour l'exécution des mandats de justice.

« La gendarmerie prêtera, dans l'intérieur des villes, toute main-forte dont elle sera légalement requise

« Art. 134. — La gendarmerie nationale peut être requise par les Commissaires du Directoire exécutif près les administrations centrales et municipales (Préfets et maires), à l'effet d'escorter les deniers publics, convois de poudre de guerre, courriers, voitures et messageries nationales.

« Art. 144 (Extrait). — Le Commissaire du Directoire exécutif près l'administration centrale du département, (Préfet), pourra requérir que tout ou partie des brigades de gendarmerie du département soit rassemblé pour le rétablissement de la tranquillité publique.

« Art. 145 (Extrait). - Les Capitaines et les Lieutenants de la Gendarmerie nationale pourront, sur l'invitation d'une administration municipale ou du Commissaire du Directoire exécutif près d'elle, (Maire), porter une ou plusieurs des brigades de leurs compagnies et lieutenances (Arrondissements ou Sections), aux foires, marchés, fêtes et cérémonies publiques où ils apprendront qu'il doit y avoir un grand concours de citoyens.

« ART. 146 (Extrait).—Les brigades de la division ou de l'escadron (Département) ne pourront être rassemblées pour être portées d'un département dans un autre sans un ordre du Directoire exécutif (Ministre).

« ART. 215. — Outre le service dont il est chargé dans l'intérieur de la République, le corps de la gendarmerie nationale fournira, en temps de guerre, des détachements destinés au maintien de l'ordre et de la police dans les camps et cantonnements. »

D'après ce qui précède, la gendarmerie est chargée d'assurer, d'une part, en temps de paix, la police administrative, judiciaire, rurale et militaire dans les campagnes, et d'autre part, en temps de guerre, la police prévôtale aux armées.

Attributions complémentaires

En plus des fonctions prévues par la Loi du 28 Germinal An VI précitée, la gendarmerie est quotidiennement chargée par les autorités administratives, judiciaires et militaires de missions qui ne devraient lui incomber qu'à titre exceptionnel.

Par exemple, les enquêtes judiciaires pour lesquelles elle reçoit des réquisitions du Parquet ou du Juge d'instruction ; les extractions de détenus pour le service de l'Instruction ou pour le Tribunal correctionnel ; la constitution des dossiers de secours éventuels ou d'emplois civils des militaires libérés ; le service très chargé du recrutement et de la mobilisation, etc, etc.

L'art. 97 du Décret du 20 mai 1903 sur le service de la gendarmerie prescrit bien aux Chefs de Légion de « *rendre compte au Ministre de l'emploi abusif qui est fait de la gendarmerie quand il y aurait lieu d'utiliser d'abord les fonctionnaires ou employés chargés spécialement de surveiller et d'assurer l'exécution de certaines lois ou plus particulièrement désignés par leurs fonctions ou leurs aptitudes pour donner des renseignements en plus parfaite connaissance de cause et même plus d'autorité que la gendarmerie,* » mais à chaque réclamation formulée par cette dernière contre l'emploi abusif qu'on en fait, elle a rarement obtenu gain de cause, attendu que les motifs invoqués par la partie adverse sont toujours pris ou à prendre en considération.

Ainsi, l'emploi abusif de la gendarmerie que fait le Juge d'instruction pour ses informations a pour but d'éviter la convocation des témoins au chef-lieu d'arrondissement, c'est-à-dire de diminuer les frais de justice ; ce magistrat pourrait, il est vrai, déléguer ses pouvoirs au Juge de paix du canton, mais ce dernier serait obligé de taxer à son tour les témoins qu'il convoquerait ; enfin, il pourrait avoir recours au Maire, officier de police judiciaire, mais il est de notoriété publique

que la plupart des Maires des campagnes sont incapables de procéder à une information. C'est pourquoi le Juge d'intruction n'est jamais dans son tort, quand il requiert le service de la gendarmerie de procéder à une enquête judiciaire.

De même, en ce qui concerne l'extraction des détenus pour le service de l'Instruction ou pour le Tribunal correctionnel, les magistrats ont trois raisons pour une de recourir à la gendarmerie : — 1° ils ont le droit de réquisition quand les prévenus sont valides et dangereux, et cette mention est toujours portée sur la réquisition ; — 2° l'emploi régulier des huissiers donnerait lieu à rétribution, ce qui augmenterait les frais de justice ; — 3° enfin, la présence des gendarmes contribue à la solennité de l'audience.

Quant à la constitution presque journalière des dossiers de secours éventuels ou d'emplois civils des militaires libérés, elle est souvent demandée à la gendarmerie par les généraux commandant les subdivisions territoriales, — bien qu'elle ne soit tenue réglementairement que de leur fournir un simple procès-verbal de renseignements, — pour les raisons suivantes.

Les intéressés produisent presque toujours des dossiers incomplets ou formés de pièces irrégulières ; si la gendarmerie se bornait à transmettre ces pièces telles quelles, il y aurait un échange continuel de correspondance entre l'état-major de la subdivision et les brigades de gendarmerie, d'où un surcroît d'écritures inutiles.

Enfin, bien que le service du Recrutement et de la Mobilisation ne se rattache pas précisément à celui de la Police des routes et des campagnes, on l'a confié à la gendarmerie dans l'impossibilité de faire autrement.

Rôle actuel de la gendarmerie

On peut affirmer, sans exagération, que la gendarmerie, au lieu de consacrer tout son temps à la police administrative, judiciaire et militaire pour laquelle elle a été spécialement instituée, ne peut lui en consacrer qu'un tiers, les deux autres tiers étant absorbés, l'un par le service particulier de l'autorité judiciaire, et l'autre par celui de l'autorité militaire. C'est-à-dire que la gendarmerie est chargée actuellement de trois missions bien distinctes : — 1° celle qui seule devrait normalement lui incomber ; — 2° celle d'auxiliaire indispensable des autorités judiciaires ; — et 3° celle d'auxiliaire non moins indispensable des autorités militaires. Ces deux dernières missions sont chacune sensiblement de la même importance que la première.

Chaque fois que les autorités administratives, judiciaires et militaires se sont adressées aux Maires des campagnes, elles n'ont jamais pu obtenir d'eux, la plupart du temps, que des renseignements erronés ou partiaux, quelquefois même elles n'ont jamais pu en obtenir du tout. Cet inconvénient est dû à ce qu'elles sont sans action sur ces officiers municipaux.

Aussi se sont-elles rabattues sur la gendarmerie. Elles se trouvent fort bien du concours précieux que cette arme leur apporte en raison de son tact habituel, de son dévouement et de son impartialité.

C'est pourquoi, par suite de ces diverses missions qu'on lui confie et qui ne sauraient normalement lui incomber, la Gendarmerie se trouve actuellement débordée et dans la nécessité d'augmenter ses effectifs.

II. — GARDES-CHAMPÊTRES

Leur rôle d'après les Lois organiques qui les régissent

Les gardes champêtres ont été institués par la Loi des 26 septembre — 6 octobre 1791 sur la police rurale.

Les articles 1er et suivants de la Section IV de cette Loi définissent leur rôle et leurs attributions comme suit :

« ART. Ier (Extrait). — Pour assurer les propriétés et conserver les récoltes, il pourra être établi des gardes champêtres dans les municipalités.

« ART. 2 (Extrait). — Plusieurs municipalités pourront choisir et payer le même garde champêtre, et une municipalité pourra en avoir plusieurs.

« ART. 3 (Extrait). — Les gardes champêtres seront payés par la communauté ou les communautés, suivant le prix déterminé par le conseil général.

« ART. 5. — Les gardes champêtres seront âgés au moins de 25 ans ; ils seront reconnus pour gens de bonnes mœurs et ils seront reçus par le juge de paix : il leur fera prêter le serment de veiller à la conservation de toutes les propriétés qui sont sous la foi publique et de toutes celles dont la garde leur aura été confiée par l'acte de leur nomination.

« ART. 6 (Extrait) — Leurs rapports feront foi en justice pour tous les délits mentionnés dans la police rurale, sauf la preuve contraire. »

La loi du 5 avril 1884 sur l'organisation municipale dit aussi :

« ART. 102. — Toute commune peut avoir un ou plusieurs gardes champêtres. Les gardes champêtres sont nommés par le maire ; ils doivent être agréés et commissionnés par le sous-préfet ou par le préfet dans l'arrondissement du chef-lieu. Le préfet ou le sous-préfet devra faire connaître son agrément ou son refus d'agréer dans le délai d'un mois. Ils doivent être assermentés. Ils peuvent être suspendus par le maire. La suspension ne pourra durer plus d'un mois; le préfet peut seul les révoquer. En dehors de leurs fonctions relatives à la police rurale, les gardes champêtres sont chargés de rechercher, chacun dans le territoire pour lequel il est assermenté, les contraventions aux règlements et arrêtés de police municipale. Ils dressent des procès-verbaux pour constater ces contraventions. »

Enfin, le Code d'Instruction criminelle définit comme suit les attributions des gardes-champêtres :

« ART. 16. — Les gardes champêtres sont chargés de rechercher, chacun dans le territoire pour lequel il aura été assermenté, les délits et les contraventions de police qui auront porté atteinte aux propriétés rurales. Ils dresseront des procès-verbaux à l'effet de constater la nature, les circonstances, le temps, le lieu des délits et des contraventions, ainsi que les preuves et les indices qu'ils auront pu en recueillir. Ils suivront les choses enlevées dans les lieux où elles auront été transportées et les mettront en séquestre. Ils arrêteront et conduiront devant le juge de paix ou devant le maire. tout individu qu'ils auront surpris en flagrant délit ou qui sera dénoncé par la clameur publique, lorsque ce délit comportera la peine d'emprisonnement ou une peine plus grave. »

Attributions complémentaires

En plus de leur service de police rurale proprement dit, les gardes champêtres sont qualifiés par certaines lois pour relever aussi les contraventions de grande voirie, de roulage, d'ivresse publique et de timbre de quittance, les délits de chasse, de pêche, de fraude des tabacs, de fabrication clandestine du sel, etc., etc.

En un mot, les gardes champêtres n'ont qu'une partie des attributions de la gendarmerie, et, en revanche, cette dernière possède toutes les attributions des gardes champêtres.

Rôle actuel des gardes champêtres

Ces agents de la police judiciaire sont actuellement, en réalité, à la disposition unique des maires qui les transforment presque partout en hommes de peine de la mairie et en facteurs pour porter les convocations et autres papiers, au grand détriment de leurs autres devoirs qui consistent, nous l'avons vu plus haut, à veiller à la sécurité des campagnes. De sorte que le rôle de ces agents est à peu près annihilé.

III. — DÉPENSES ANNUELLES DE LA POLICE RURALE

Gendarmerie

L'effectif de la gendarmerie des départements est le suivant :

Officiers		590
Chefs de brigades à cheval .	2.026	10.183
Gendarmes à cheval	8.157	
Chefs de brigades à pied.....	2.265	10.709
Gendarmes à pied...........	8.444	
Total		21.482

L'entretien de cet effectif nécessite une dépense annuelle de 34 millions de francs d'après les crédits inscrits au budget.

On répète partout que cet entretien est d'un prix trop élevé, c'est une erreur.

Nous avons vu plus haut que la gendarmerie ne pouvait consacrer que le tiers de son temps au service pour lequel elle a été créée, les deux autres tiers étant réservés, l'un au service particulier de l'autorité judiciaire et l'autre à celui de l'autorité militaire.

Par suite, sur ces 34 millions de francs, 11 millions doivent être considérés comme des économies faites sur le budget de la justice criminelle et 11 autres comme des économies faites sur le budget de la guerre proprement dit, de sorte que le prix de revient réel du *service spécial de police administrative, judiciaire et militaire des campagnes*, exécuté par la gendarmerie, n'est que de 11 à 12 millions [1].

Gardes champêtres

Les gardes champêtres ont un traitement moyen de 550 francs par an, d'après certaines statistiques. Leur effectif total étant actuellement de 32.350, ils occasionnent une dépense annuelle de 32.350 × 550 = 17.800.000 francs, à la charge des budgets communaux.

Dépenses totales

En réunissant les deux dépenses partielles ci-dessus,

---

[1] De même, en Algérie, où le budget de la gendarmerie s'élève à environ 3 millions de francs, le *service spécial* de cette arme n'absorbe en réalité que le tiers de ces crédits, soit 1 million ; les 2 millions d'excédent doivent être considérés comme dépensés pour les services particuliers de la justice et de la guerre.

nous trouvons une dépense globale annuelle de 52 millions de francs pour l'entretien des agents chargés de la police des campagnes.

IV. — RENDEMENT UTILE

Comparaison des rendements de la gendarmerie et des gardes champêtres

Le rendement utile de chaque catégorie d'agents, au point de vue de la police des campagnes, peut se mesurer par le nombre moyen de procès-verbaux en matière de crimes et délits dressés par tête d'agent et par an.

Si nous consultons les Statistiques criminelles du Ministère de la Justice (*Rapport sur l'administration de la Justice criminelle de 1881 à 1900, publié en 1902*), nous y trouvons les moyennes annuelles suivantes, pendant cette période de 20 ans.

Nombre de procès-verbaux dressés par { la gendarmerie..... 248,125 ; les gardes champ.. 7,951 ;

pour un effectif moyen de 20.900 gendarmes et de 32.050 gardes champêtres.

Il résulte des données ci-dessus que le rendement moyen annuel est le suivant :

Gendarmerie   248.125 : 20.900 = 11,87
Gardes champêtres   7.951 : 32.050 = 0,25

c'est-à-dire qu'un gendarme rend, au point de vue judiciaire, 11,87 : 0,25 = 47 fois plus de services qu'un garde champêtre.

Mais, comme son entretien (cheval compris) coûte

34.000.000 : 21.482 : 550 = 2,9 fois

plus que celui de ce dernier, il s'ensuit que, *à prix de revient égal*, un gendarme rend, en définitive, 47 : 2,9 = 16 fois plus de services qu'un garde champêtre.

Cette énorme différence dans le rendement utile a d'ailleurs été signalée dans les termes suivants, par le Ministre de la Justice, au cours de son Rapport précité sur l'administration de la Justice criminelle, publié en 1902 :

« *A part les commissaires et les agents de la police des villes, on peut affirmer que la justice répressive n'a d'autres auxiliaires que les gendarmes pour la constatation et la recherche des actes qui doivent mettre l'action publique en mouvement.*

« *L'éloge de la gendarmerie n'est plus à faire et les parquets n'ont d'ordinaire aucune observation à formuler contre le concours que cette arme leur apporte. Il serait à désirer cependant que les gendarmes fussent moins distraits du service judiciaire par leurs occupations administratives ou militaires.*

« Partout, en effet, où ne s'étend pas la surveillance de la gendarmerie, on ne rencontre dans les campagnes que des agents facilement accessibles à des considérations où l'intérêt de la Justice ne prédomine pas toujours. Le concours de ces derniers à l'œuvre de la justice donne des résultats à peu près négatifs.

« Si l'on rapporte, en effet, le nombre de plaintes et de procès-verbaux transmis par les maires et les gardes champêtres au nombre de ces agents, ont voit que, de tous temps, la coopé ration de ces auxiliaires à la police judiciaire a été presque nulle en matière de crimes et de délits. Peut-être est-elle plus efficace en matière de contraventions de simple police, mais la statistique ne permet pas de le constater. En matière criminelle et correctionnelle, on ne compte qu'un procès-verbal pour quatre gardes champêtres et un pour onze maires. »

La moindre enquête auprès des tribunaux de simple police permettrait de démontrer également qu'en matière de contraventions de simple police, — dont le total moyen annuel s'élève à 380.600, — le rendement de la gendarmerie est aussi infiniment supérieur à celui des gardes champêtres.

V. — CONCLUSIONS

Nous avons vu plus haut que les gardes champêtres avaient été institués par la Loi des 26 septembre-6 octobre 1791, contemporaine de celle du 17 novembre 1808, connue sous le nom de Code d'Instruction criminelle.

Ce Code donnant aux Maires des communes le pouvoir de juger toutes les contraventions de police rurale où les dommages-intérêts ne dépassaient pas 15 francs, il est à présumer que, dans l'esprit du législateur, l'institution des gardes champêtres avait pour but principal de recueillir la matière destinée à alimenter ces tribunaux de simple police.

Mais la connaissance de ces dernières contraventions rurales ayant été retirées aux Maires par la Loi du 27 juillet 1873 pour être attribuées au Juge de paix du canton, il s'ensuit que *depuis 33 ans, les Maires n'ont plus aucune attribution comme juges de police, mais les gardes champêtres leur sont restés.*

De ce qui précède, on est donc en droit de conclure que *l'institution des gardes champêtres est surannée et ne répond plus aux besoins nouveaux de la société.*

Chaque fois qu'il en a été question dans les assemblées législatives ou départementales, on a été·d'accord pour reconnaître la nécessité de réorganiser cette institution défectueuse depuis son origine, mais jusqu'ici aucun projet dans ce sens n'a pu aboutir.

Les gardes champêtres eux-mêmes, dans les Congrès qu'ils ont tenus à Paris, en 1900 et 1903, ont émis des vœux tendant à une réorganisation complète de leur corps, ils voudraient notamment : — 1° l'embrigadement ; — 2° un traitement minimum obligatoire ; — 3° un mode de nomination qui leur permît d'échapper aux coteries locales ; — 4° enfin, une caisse de retraites qui leur assurât du pain sur leurs vieux jours.

C'est-à-dire une organisation se rapprochant de celle de la Gendarmerie.

Quoi qu'il en soit, il est de la plus haute importance d'obtenir un meilleur emploi des 18 millions de francs que coûtent annuellement *les gardes champêtres qui ont constitué de tout temps une force publique non encadrée, éparpillée, inutilisable et sans rendement* [1].

Le Chapitre suivant, consacré à des propositions faites en vue d'améliorer le plus possible le service de la police rurale, sans augmentation de dépenses, a pour but d'indiquer comment on pourrait facilement remédier à cet inconvénient.

---

[1] D'autre part, et suivant une loi inéluctable, le service de la police dans les campagnes est d'autant moins bien assuré qu'il y a de catégories différentes d'agents qui en sont chargés. En effet, chacune de ces catégories, se reposant sur sa voisine pour accomplir la tâche commune qui leur incombe, est appelée à rejeter invariablement sur une autre sa responsabilité propre, dès qu'elle est engagée.

CHAPITRE III

RÉORGANISATION DE LA POLICE RURALE
GENDARMERIE MOBILE

I. — LA POLICE RURALE DOIT ÊTRE CONFIÉE A LA GENDARMERIE SEULE

Nous avons vu, dans le Chapitre précédent, qu'*à prix de revient égal*, la gendarmerie donnait un rendement 16 fois plus grand que celui des gardes champêtres.

Ce rendement supérieur est uniquement dû aux conditions d'instruction et de discipline dans lesquelles se trouvent placés les militaires de cette arme et aussi à leur dévouement. Ces qualités sont d'ailleurs entretenues avec le plus grand soin par leurs officiers.

Rien ne s'oppose donc, si toutefois on veut bien s'astreindre aux conditions particulières énumérées plus loin, à ce qu'*on confie régulièrement à la gendarmerie le service incombant aux gardes champêtres,* — elle le fait déjà en réalité à leur lieu et place depuis longtemps, — en lui affectant les crédits alloués pour l'entretien de ces derniers qui seraient supprimés en tant qu'institution, mais dont les meilleurs éléments pourraient être versés dans la gendarmerie [1].

II. — PROJET DE RÉORGANISATION DE LA POLICE RURALE

Il ne sera rien changé à l'organisation actuelle de la gendarmerie en ce qui concerne la composition des Légions, Compagnies, Arrondissements ou Sections. Seule, l'organisation de la Brigade sera appelée à recevoir des modifications par suite de la suppression des gardes champêtres.

Organisation de la gendarmerie dans chaque canton

Dans chaque canton, la gendarmerie comprendra à la fois une brigade à pied, *fixe* mais disséminée, d'effectif variable,

---

[1] En décrétant l'extension de la franchise postale dont jouissent les maires à leur correspondance avec leurs administrés, le facteur rural remplacerait avantageusement le garde champêtre pour le port des convocations et autres papiers.

et une brigade *mobile* groupée de 5 hommes, tantôt à cheval, tantôt à pied, selon les circonstances de terrain ou de milieu, le tout commandé par un sous-officier de l'arme à laquelle appartient la brigade mobile.

Ce sous-officier aura le grade de Maréchal des logis dans les cantons externes, de Maréchal des logis chef au chef-lieu d'arrondissement ou de section, et d'Adjudant au chef-lieu de compagnie.

Il aura sous ses ordres un Brigadier comptant à la brigade mobile, appelé à le remplacer dans son commandement, le cas échéant, ainsi qu'un ou plusieurs Sous-Brigadiers à pied (emploi nouveau), faisant partie de la brigade fixe, pour entretenir l'instruction théorique et pratique des hommes de cette dernière brigade.

Les Sous-Brigadiers et gendarmes de la brigade fixe, choisis parmi les militaires non gradés de la gendarmerie les plus anciens, — et transitoirement parmi les meilleurs gardes champêtres — seront répartis isolément dans un certain nombre de communes du canton. Ils y auront leur résidence. Nous les appellerons indifféremment gendarmes de la brigade fixe ou gendarmes communaux [1].

Nombre de gendarmes à pied à créer

La solde d'un gendarme à pied s'élève à 1.011 fr. 60 par an. A cette somme, il convient d'ajouter au maximum 216 francs pour haute paie après 15 ans de services. De sorte que le prix de revient d'un gendarme à pied est de 1.230 francs par an.

Par suite, avec les 18 millions de francs provenant des traitements supprimés des gardes champêtres, on pourra créer 18.000.000 : 1.230 = 14.630 gendarmes à pied [2].

Nombre total de brigades mobiles

En France, il existe 87 chefs-lieux de compagnie, 424 chefs-lieux d'arrondissement ou de section de gendarmerie et 2.899 cantons ; ce qui nous donne approximativement, attendu qu'un petit nombre de chefs-lieux d'arrondissement se trouvent être chacun le chef-lieu de plusieurs cantons :

87 chefs-lieux de compagnie ;

337 chefs-lieux d'arrondissement ou de section *externes;*
et 2.475 chefs-lieux de canton *externes.*

D'autre part, si l'on compte comme nécessaires les brigades mobiles à 5 hommes suivantes :

---

(1) La dénomination de « gendarmes ruraux » pourrait également leur convenir.

(2) En Algérie, par suite de l'égalité existant entre les traitements des gardes champêtres et ceux des gendarmes, ces premiers agents pourront être remplacés nombre pour nombre par les seconds ; mais, en raison de l'étendue du territoire, la plupart d'entre eux devront être montés.

<pre>
au chef-lieu de compagnie.............. 1 à cheval et 2 à pied.
    —   arrondissement ou section externe 1   —   et 1   —
    —   canton externe 1   —   ou 1   —
</pre>

et si on réserve 100 brigades à cheval et 50 à pied pour renforcer l'effectif de la gendarmerie dans certains chefs-lieux importants où ce renforcement existe déjà, l'effectif actuel des 10.183 militaires de l'arme à cheval et une partie des 10.709 militaires de l'arme à pied pourra se répartir comme suit :

<pre>
dans   87 chefs-lieux de compagnie............ 87 brigades à cheval et 174 à pied
 —   337   —   arrond^t ou section externes 337   —   337   —
 — 2.475   —   cantons externes...... 1.512   —   963   —
 — certains chefs-lieux importants.......... 100   —   50   —
                                              ─────   ─────
            soit un total de.......... 2.036   —   1.524   —
</pre>

Les 2.036 brigades mobiles à cheval et 1.524 brigades mobiles à pied, formées avec les éléments de la gendarmerie actuelle, résideront en principe aux chefs-lieux de compagnie, d'arrondissement, de section ou de canton, dans les casernements qui y existent déjà.

Nombre total de gradés et gendarmes à pied affectés aux brigades fixes

L'effectif de la gendarmerie à cheval, qui est de 10.183 gradés et gendarmes, a été totalement absorbé par la constitution des 2.036 brigades mobiles à cheval ci-dessus.

Celui de l'arme à pied, qui est de 10.709 hommes, présente, après constitution des 1.524 brigades mobiles à pied, un reliquat de $10.709 - [1.524 \times 5] = 3.089$ hommes, qui, ajoutés aux 14.630 gendarmes communaux de nouvelle création, nous donnent un effectif total de 17.719 gradés et gendarmes communaux, dont on peut disposer pour les brigades fixes.

Répartition des gendarmes communaux entre les diverses localités

La superficie de la France étant de 536.408 kilomètres carrés, sa population rurale — communes de moins de 20.000 habitants — de 24 millions d'habitants, le nombre des cantons de 2.899 et celui des communes de 36.199, il s'ensuit que les 17.719 sous-brigadiers et gendarmes communaux auront à surveiller chacun, en moyenne, une superficie de 30 kilom. carrés ou 3.000 hectares, et à s'occuper de 1.350 habitants. En outre, ils se trouveront éloignés l'un de l'autre de 6 kilom. en moyenne — soit de 3 kilom. au moins à 9 kilom. au plus — et seront répartis à raison de 6 environ par canton, soit 1 pour 2 communes.

LOCALITÉS	NOMBRE de brigades		Adjudants	M. d. Logis Chefs	Maréchaux des Logis		Brigadiers		Sous-Brigadiers à pied	Gendarmes		Effectifs totaux
	à cheval	à pied			à cheval	à pied	à cheval	à pied		à cheval	à pied	
87 ch. l. de compagnie	87	174	87	»	»	87	»	87	»	348	696	1305
337 ch. l. d'arrond^t ou de section externes	337	337	»	337	»	»	»	337	»	1348	1348	3370
2.475 ch. l. de canton externes.........	1512	963	»	»	1512	963	1512	963	»	4536	2889	12375
Divers ch. l. import^s.	100	50	»	»	»	»	100	50	»	409	200	750
2.899 cantons	»	2899	»	»	»	»	»	»	2899	»	14820	17719
Totaux......	2035	4423	87	337	1512	1050	1612	1437	2899	6632	19953	35519

III. — CONDITIONS NOUVELLES D'EXÉCUTION DU SERVICE DE LA GENDARMERIE

Le service spécial de la gendarmerie sera exécuté conformément aux règlements actuellement en vigueur, sous réserve des légères modifications de détail ci-après :

Service ordinaire

La circonscription de la brigade mobile du chef-lieu de canton comprendra toujours le canton judiciaire entier, tandis que la circonscription de chaque gendarme communal ne comprendra en principe qu'une zone de terrain dont le centre sera sa résidence et dont les points extrêmes seront à mi-distance des résidences environnantes.

Néanmoins, dans leurs tournées, les gendarmes communaux devront dépasser les limites de cette zone et visiter également une fois ou deux par mois le territoire qui s'étend jusqu'à ces résidences.

L'usage de la bicyclette ne leur sera permis que dans ce dernier cas.

D'après ce qui précède, un gendarme communal pourra opérer, le cas échéant, sur le territoire d'un canton limitrophe à celui dont il fait partie.

Les tournées de jour seront effectuées par lui isolément, mais les tournées de nuit seront toujours effectuées par deux, d'après les ordres du Maréchal des logis du canton.

Les gendarmes mobiles continueront, toujours par deux, à visiter trois fois par mois, dont une de nuit, tous les points de leur circonscription. Les transfèrements de prisonniers de brigade en brigade leur seront réservés en principe.

Service extraordinaire

Les réquisitions concernant le service extraordinaire de la gendarmerie seront toujours envoyées, autant que possible, à l'officier commandant l'arrondissement, sinon, en tous cas, au commandant de la gendarmerie du canton, celles remises directement à un gendarme communal étant nulles et non avenues. Cette disposition a pour but d'empêcher les abus d'emploi qu'on pourrait faire des gendarmes communaux, loin des yeux de leurs chefs.

Écritures

Les procès-verbaux rédigés par les militaires des brigades mobiles continueront à recevoir la même destination qu'actuellement, tandis que ceux dressés par les gendarmes communaux seront envoyés, savoir : la 1ʳᵉ expédition à l'autorité compétente, après avoir été préalablement soumise à l'examen du Sous-Brigadier ou du Chef de brigade le plus voisin, et la 2ᵉ par la voie hiérarchique au Commandant de l'arrondissement sur le territoire duquel il a opéré.

Tenue

Les Sous-Brigadiers et gendarmes communaux porteront la tenue actuelle de l'arme à pied.

Tous les autres militaires gradés, ainsi que les gendarmes mobiles, porteront la tenue de leur arme en y remplaçant les grenades du collet de la tunique et celle du bandeau du képi par le numéro de la Légion à laquelle ils appartiennent. Les légions bis et ter seront distinguées par l'addition au numéro d'une ou de deux étoiles.

Armement

L'armement restera le même pour les deux armes.

Casernement

Les brigades mobiles continueront à occuper leurs casernements actuels dans les chefs-lieux de canton, d'arrondissement ou de compagnie.

Les gendarmes communaux seront logés dans une maison indépendante avec jardin, fournie par la commune. Elle devra comprendre un logement d'au moins deux pièces avec cuisine. En outre, une pièce supplémentaire, séparée des précédentes, sera organisée en bureau. Ce dernier local sera muni de deux chalits avec fournitures de literie, afin de permettre à deux gendarmes communaux voisins, en tournée de nuit, de venir se reposer en attendant qu'ils puissent rejoindre isolément leurs résidences au point du jour.

Dans les communes munies de bureaux télégraphiques, les femmes des gendarmes communaux mariés pourront être autorisées à accepter l'emploi rétribué de porteuses de télégrammes, ce qui apportera quelque bien-être dans le ménage.

Instruction théorique et pratique

Les gendarmes mobiles du chef-lieu de canton, jeunes pour la plupart, seront instruits par le Brigadier, sous la surveillance du Maréchal-des-logis.

Les gendarmes communaux des résidences voisines du chef-lieu de canton, — moins de 9 kilom. — seront convoqués deux fois par mois, sauf pendant l'été dans les pays chauds ou tempérés, sauf pendant l'hiver dans les pays froids, au chef-lieu de la brigade mobile pour y recevoir l'instruction théorique et pratique. Leur absence ne devra pas dépasser 6 ou 7 heures et la bicyclette pourra être employée comme moyen de locomotion.

Les gendarmes communaux des résidences trop éloignées du chef-lieu de canton seront réunis également tous les 15 jours par groupes de 3 à 6 dans une commune centrale située à moins de 9 klm. où demeurera un Sous-Brigadier chargé spécialement de leur instruction. Au cours de leurs tournées, le Maréchal des Logis et le Brigadier interrogeront ces gendarmes, pendant un quart d'heure, sur des matières désignées d'avance.

Avancement

Les gradés à cheval étant, toutes proportions gardées, plus nombreux que les gradés à pied, il serait équitable de faciliter le passage dans l'arme à cheval des candidats méritants de l'arme à pied. Pour cela, un stage d'un ou deux ans dans une brigade à cheval du chef-lieu de Légion, avec cours d'équitation, serait imposé à ces derniers.

Solde

La solde des gendarmes communaux leur parviendrait par l'intermédiaire du Commandant de la gendarmerie du canton.

Bien que la question d'augmentation de la solde des gendarmes en général soit actuellement à l'ordre du jour, nous la laisserons de côté comme n'entrant pas dans le cadre de notre étude qui a uniquement pour but de chercher à obtenir le rendement maximum avec les crédits actuels.

Nous ferons seulement observer que les Brigadiers qui touchent actuellement une solde presque égale à celle des Maréchaux des Logis, pourraient être suffisamment rémunérés, n'étant plus chefs de poste, par une solde légèrement inférieure, de manière à permettre, sans augmentation de dépenses, la création des emplois nouveaux de Sous-Brigadier.

Manœuvres en réunion

Le Règlement de manœuvre du 15 mars 1905 prévoit, dans les Bases de l'Instruction, que le Commandant d'Arrondissement a le choix des moyens d'exécution pour l'instruction de son arrondissement, et qu'il formule des demandes relatives aux lieux et heures des exercices de ce dernier. D'autre part, le Règlement sur le service intérieur a limité à 6 klm. le chemin maximum à parcourir par une brigade à cheval pour se rendre au lieu de réunion.

De sorte que cette limitation de la distance équivaut à la suppression radicale des exercices d'ensemble de l'arrondissement, exercices qui lui sont cependant indispensables pour lui permettre d'évoluer convenablement en cas de troubles ; cette mesure semble regrettable.

Il aurait été préférable de décider que l'indemnité de service extraordinaire serait allouée pour l'exécution des manœuvres en réunion, en fixant une somme annuelle maxima par arrondissement, selon son effectif.

Cette disposition permettrait à un officier, en prévision de troubles, de réunir d'urgence la partie mobile de son arrondissement sur le point menacé, d'y faire exécuter des manœuvres ou du service en campagne et d'y attendre pendant 24 heures la réquisition écrite nécessaire pour se maintenir plus longtemps sur les lieux.

Tournées et visites inopinées

Lors des tournées d'inspection des Commandants d'arrondissement et de compagnie, les gendarmes communaux seront réunis au chef-lieu du canton avec la brigade mobile.

Chaque brigade ne sera plus visitée inopinément que 2 fois par an, au lieu de 3, par le Commandant d'arrondissement, et les indemnités prévues pour cette troisième visite permettront à cet officier d'inspecter inopinément une ou deux résidences de gendarmes communaux par canton.

Les Commandants de compagnie, au cours de leurs visites inopinées des brigades mobiles, s'efforceront d'inspecter en même temps quelques résidences de gendarmes communaux situées sur leur itinéraire d'aller ou de retour.

Avantages

La disposition consistant à placer des gendarmes à pied isolés dans un certain nombre de communes rurales possède l'avantage inappréciable pour la gendarmerie de connaître ce qui se passe dans ces communes sans questionner personne.

En effet, tous les gendarmes sont actuellement embrigadés dans la caserne du chef-lieu du canton, ils ne peuvent être constamment à la fois dans toutes les communes environnantes ou sur les routes, et, quand ils vont en tournée trois fois par mois dans une commune, ils ne peuvent apprendre les faits qui peuvent les intéresser que par dénonciation.

Peu de gens étant enclins à donner des renseignements pouvant revêtir ce caractère, il s'ensuit que la gendarmerie, par suite du mutisme des témoins, n'est pas toujours à même de mener à bien une enquête concernant un crime ou délit grave. De sorte que l'action publique est souvent tenue en échec, de ce fait, à moins qu'elle n'ait été mise en mouvement par une plainte ou réclamation toujours motivée par un intérêt particulier lésé.

Enfin, nous avons démontré plus haut qu'on obtiendrait un rendement utile bien supérieur au rendement actuel, attendu qu'à prix de revient égal, le service des brigades fixes donnera un résultat 16 fois plus grand que celui des gardes champêtres, non-seulement au point de vue judicaire, mais encore à tous les autres points de vue.

Réfutation des inconvénients

Les inconvénients apparents qui résultent de la dissémination des gendarmes communaux, et que l'on peut nous opposer, sont les suivants :

1° Ces gendarmes, n'étant plus sous les yeux de leurs chefs, pourront se laisser corrompre par des dons en argent ou en nature, afin de passer sous silence certains délits ou certaines contraventions.

2° Ils ne seront plus surveillés, et, par suite, fréquenteront les cabarets, où ils perdront toute autorité et tout prestige.

3° Leur instruction théorique et pratique sera négligée.

4° Leur tenue laissera à désirer.

5° Ils seront mis en quarantaine dans leur commune s'ils font trop de zèle en relevant un nombre exagéré de contraventions.

Nous allons réfuter un à un tous ces arguments :

1° Etant donné qu'un gendarme communal va faire du service jusque dans les résidences voisines et qu'un point quelconque du territoire est toujours situé à l'intérieur d'un triangle dont les sommets sont des résidences de gendarmes communaux, il s'ensuit qu'un habitant quelconque qui voudrait que la gendarmerie fermât les yeux sur les infractions aux lois qu'il commet, aurait à corrompre trois gendarmes communaux, sans compter les cinq militaires de la brigade mobile de son canton, ce qui est matériellement impossible. Bien plus, un habitant de la résidence d'un gendarme communal a affaire non-seulement à ce gendarme, — sans compter ceux de la brigade mobile, — mais encore à six de ses voisins en moyenne, attendu que cette résidence est en général le centre d'un hexagone de 6 kilom. de côté, dont les sommets, situés à 6 kilom. de ce centre, coïncident. avec les résidences. voisines.

On pourrait enfin diminuer encore les chances peu probables de corruption en augmentant la solde des gendarmes qui est la même depuis 30 ans et qui est notoirement insuffisante à ceux d'entre eux qui sont chargés de famille.

2° Pour remédier à l'inconvénient résultant de la fréquentation des cabarets, il n'y a qu'à interdire d'une manière absolue cette fréquentation pour la résidence, et ne la tolérer que pendant 5 minutes au plus, au cours d'une tournée, pour les résidences externes. D'ailleurs, la menace du conseil d'enquête et de la réforme pour inconduite prévus par les règlements est suffisante pour mettre un frein aux velléités d'intempérance qui pourraient se manifester.

3° L'instruction théorique et pratique d'un gendarme à pied déjà ancien sera suffisamment entretenue par une séance d'une demi-heure de maniement d'armes et de manœuvre à pied, avec une heure de théorie spéciale, tous les 15 jours, ainsi qu'il a déjà été expliqué plus haut.

4° Les six visites mensuelles qu'un gendarme communal recevra à l'improviste de son Maréchal des logis, de son Brigadier ou de son Sous-Brigadier, sont suffisantes pour qu'il n'en arrive pas à paraître en public dans une tenue négligée.

5° Enfin, pour éviter l'exaspération de la population si un gendarme par trop zélé venait à relever un nombre exagéré de contraventions à l'encontre des habitants, il n'y aurait qu'à recommander aux gendarmes communaux d'aller constater leurs contraventions dans les résidences voisines, à l'exception de celles qui concernent les dégâts commis aux propriétés rurales qu'ils doivent toujours signaler, principalement dans leur circonscription.

Service à la mobilisation

Le transport de l'ordre de mobilisation dans les communes serait fait instantanément si on confiait les affiches de mobilisation et de réquisition aux gendarmes communaux qui sont sur place, d'autant plus que la plupart des communes sont pourvues de bureaux télégraphiques.

Essai du système préconisé dans une Légion

Sans frais autres que le montant du loyer pendant trois ans nécessité par le logement de gendarmes isolés dans certaines communes — loyer qu'on peut évaluer à une centaine de francs par tête et par an — on pourrait, après prélèvement de quelques gendarmes anciens dans plusieurs départements, essayer pendant ce laps de temps le système préconisé dans une Légion à désigner.

Il ne sera rien changé aux attributions des gardes champêtres stationnés sur le territoire de cette Légion, c'est-à-dire que chacun de ces agents de la police judiciaire continuera, comme par le passé, à mettre quatre ans pour envoyer au Parquet le procès-verbal concernant l'unique délit qu'il aura constaté pendant cette période.

IV. — GENDARMERIE MOBILE

Effectif total

Nous admettrons qu'on puisse assurer provisoirement d'une manière suffisante le service de la gendarmerie dans les cantons externes avec les brigades fixes seulement, commandées par le Maréchal-des-logis ou le Brigadier du chef-lieu. Nous admettrons aussi que, dans les cantons dont le chef-lieu est celui d'une Compagnie, d'un Arrondissement ou d'une Section, ce service pourra être également assuré provisoirement par la brigade fixe renforcée de la *moitié* de l'effectif des brigades mobiles de ce chef-lieu [1].

De sorte qu'on pourra constituer, en cas de besoin, avec les brigades disponibles, des détachements mobiles appelés à être transportés immédiatement, le cas échéant, sur un ou plusieurs points du territoire.

L'effectif total de ces détachements mobiles sera le suivant :

Troupes à cheval		*Troupes à pied*	
Adjudants	44	»	
Maréchaux des logis chefs	169	»	
Maréchaux des logis	756	Maréchaux des logis	525
Brigadiers	806	Brigadiers	718
Gendarmes	5.585	Gendarmes	4.011
Total	7.360	Total	5.254

soit un total général de 12.614 hommes [2].

Ces militaires devront être encadrés par la moitié de l'effectif total des Capitaines et Lieutenants pris dans les arrondissements qui n'auront pas fourni d'Adjudants ou de Maréchaux des logis chefs.

Enfin, des Généraux, plusieurs Colonels et une vingtaine de Chefs d'escadron de la gendarmerie des départements, soit le quart de leur effectif, devront être également mobilisés pour commander cette force publique imposante, de plus de 12.000 hommes, qui pourrait être répartie au besoin en 74 escadrons et 52 compagnies.

L'effectif de la garde républicaine qui est de 3.000 hommes vient s'ajouter aux chiffres ci-dessus.

---

(1) — Ces deux hypothèses consistent à supposer, ce qui est parfaitement admissible d'ailleurs, que le service de la gendarmerie sera suffisamment assuré temporairement dans les campagnes avec un effectif minimum de 22.905 hommes, c'est-à-dire supérieur à l'effectif actuel qui est de 21.500 hommes environ. Ce chiffre de 22.905 représente la différence entre l'effectif total proposé, soit 35.519 hommes et celui de la gendarmerie mobile, soit 12.614 hommes.

(2). — Si la suppression des gardes champêtres était écartée, la réorganisation de la gendarmerie départementale actuelle dans les conditions précitées — c'est-à-dire l'entretien d'un effectif normal de 590 officiers et 35.500 hommes de troupe *dont 12.500 mobiles le cas échéant*, — nécessiterait un crédit annuel supplémentaire de 18 millions de francs, égal au montant des frais d'entretien des gardes champêtres.

Mobilisation de l'arrondissement

L'élément à adopter comme base de formation mobile est l'arrondissement, dont la partie mobile comprend : — 1° un officier ou adjudant ou maréchal des logis chef ; — 2° la moitié des brigades mobiles du chef-lieu ; — et 3° toutes les brigades mobiles des cantons externes, sauf le Maréchal des logis ou le Brigadier ; soit un effectif moyen de :

$$\text{« } \qquad 1 \text{ officier ou sous-officier commandant ;}$$
$$7.360 : 424 = 18 \text{ hommes à cheval ;}$$
$$5.254 : 424 = 12 \text{ hommes à pied ;}$$

c'est-à-dire 30 hommes.

Des dispositions seront prévues en temps normal pour que les brigades mobiles à cheval externes se rendent deux par deux à une gare désignée d'avance, afin d'y embarquer dans le même wagon leurs 8 chevaux. Les brigades mobiles à pied s'embarqueront également aux points désignés. Toutes rejoindront directement le lieu de destination. Elles mettront moins de 24 heures pour y arriver, quel que soit leur éloignement.

L'arrondissement mobilisé formera une unité qui représente déjà une force publique appréciable. Afin d'en obtenir tout le rendement désirable, cette unité devra, autant que possible, rester dans la main du chef qui la commande habituellement.

Par suite, elle deviendra la base de tous les détachements des deux armes appelés à marcher ensemble, attendu que la troupe à cheval a besoin du concours de la troupe à pied pour opérer les arrestations ou écarter les obstacles infranchissables aux chevaux.

Un arrondissement d'un effectif supérieur à la moyenne peut mobiliser à lui seul un peloton à cheval et un peloton à pied, tandis qu'il faudra réunir deux arrondissements à faible effectif pour obtenir ce résultat.

Même si, dans certains cas, les arrondissements sont fusionnés pour former des escadrons à cheval ou à pied de manœuvre, il n'en faudra pas moins reconstituer chacun d'eux au cantonnement, de manière que, là au moins, la troupe revienne dans la main de son chef.

V. — SERVICE DE LA GENDARMERIE AUX ARMÉES

Historique succinct

Les détachements de gendarmerie aux armées rendirent les plus grands services pendant toute la période guerrière de 1804 à 1815.

Napoléon faisait grand cas de ses gendarmes : « Prenez de la cavalerie pour les sauvegardes et les escortes, écrivait-il à Berthier en 1812 ; ne prenez pas de gendarmes ; conservez-les pour assurer la police sur les derrières de l'armée ; deux ou trois cents hommes de cavalerie de plus ou de moins ne sont rien ; deux cents gendarmes de plus assurent la tranquillité de l'armée et le bon ordre. »

En Algérie, le maréchal Bugeaud prenait souvent comme escorte et comme troupe de réserve des escadrons de gendarmes et plusieurs fois ils s'illustrèrent par de brillants faits de guerre.

Pendant la seconde partie de la guerre franco-allemande, le gouvernement de la Défense nationale fit appel au dévouement des troupes de la gendarmerie et constitua un régiment de gendarmerie à cheval et un régiment de gendarmerie à pied qu'on affecta à la 2ᵉ armée de la Loire. A Beaugency, au Mans et à Laval, ils rendirent, déclare le général Chanzy, les plus grands services.

Au Mans, pendant que le régiment à cheval mettait de l'ordre dans les convois et ramenait les fuyards, le régiment à pied tenait jusqu'au dernier moment, avec deux mitrailleuses, au rond-point de Pontlieue. Il perdait dans cette action 2 officiers et 83 hommes.

Emploi de la gendarmerie aux armées.

Les règlements actuellement en vigueur ne prévoient l'emploi de la gendarmerie aux armées que pour assurer la police des cantonnements et celle des trains régimentaires.

Mais, dans le cas probable où les 38.500 hommes de la gendarmerie ne seraient pas tous utilisés par le service de la police du territoire national et celui des armées en marche, on pourrait créer à la mobilisation des corps de gendarmerie spéciaux, aptes au service d'exploration et de sûreté dans un secteur situé sur le front où sur l'un des flancs d'une armée.

En effet, le gendarme qui est habitué en temps de paix à parcourir tous les jours divers terrains et à faire des rapports toujours exacts sur ce qu'il a vu et entendu, paraît plus qualifié qu'un cavalier pour fournir au commandement supérieur des renseignements précis sur la situation et la direction des colonnes ennemies et surtout sur les ressources du pays qu'il traverse.

D'ailleurs, la plupart des gendarmes n'ont-ils pas été sous-officiers au régiment ! Si l'âge leur a fait perdre quelque peu de leur souplesse, en revanche, ne leur a-t-il pas donné une expérience précieuse des choses et des gens ! Les luttes qu'ils ont l'habitude de soutenir avec les malfaiteurs, luttes qui n ont pour témoins que des lieux inhabités, ont développé en eux ces deux vertus sublimes, d'un prix inestimable en temps de guerre : l'abnégation complète et un dévouement de tous les instants.

De sorte que la gendarmerie est une troupe sur laquelle on peut compter : elle a déjà fait ses preuves.

VI. — CONCLUSIONS

Nous espérons avoir réussi à concilier, dans le nouveau Projet d'organisation de la Police rurale que nous venons de développer succinctement, les trois conditions que nous nous étions imposées, savoir :

1°, — augmentation du nombre de gendarmes dans les campagnes, en ne réclamant aux municipalités que leur logement ;

2°, — constitution d'une force imposante de gendarmerie mobile de 12.000 hommes, sans compter la garde républicaine, force permettant de se passer du concours de la troupe dans les grèves ;

3°, — pas de crédits nouveaux, sauf ceux qui seront nécessaires dans 11 ans pour assurer les retraites des gendarmes communaux de nouvelle création.

Telles sont les idées personnelles que nous avons cru devoir exposer au moment où l'amélioration de la police rurale est réclamée par toutes les municipalités et où l'organisation d'une force de gendarmerie mobile répond à un besoin public urgent, de la plus haute importance.

Oran, le 1ᵉʳ Mai 1906.

TABLE DES MATIÈRES

Pages

Oran. — Imprimerie-Papeterie Centrale, 4, rue Général Joubert